에게

주후 년 월 일

겨자씨

무너진 여리고 성

하나님이 여호수아에게 말씀하셨어요.
“엿새 동안 여리고 성을 매일 한 바퀴씩 돌아라.
일곱째 날에는 일곱 바퀴를 돌아라.”

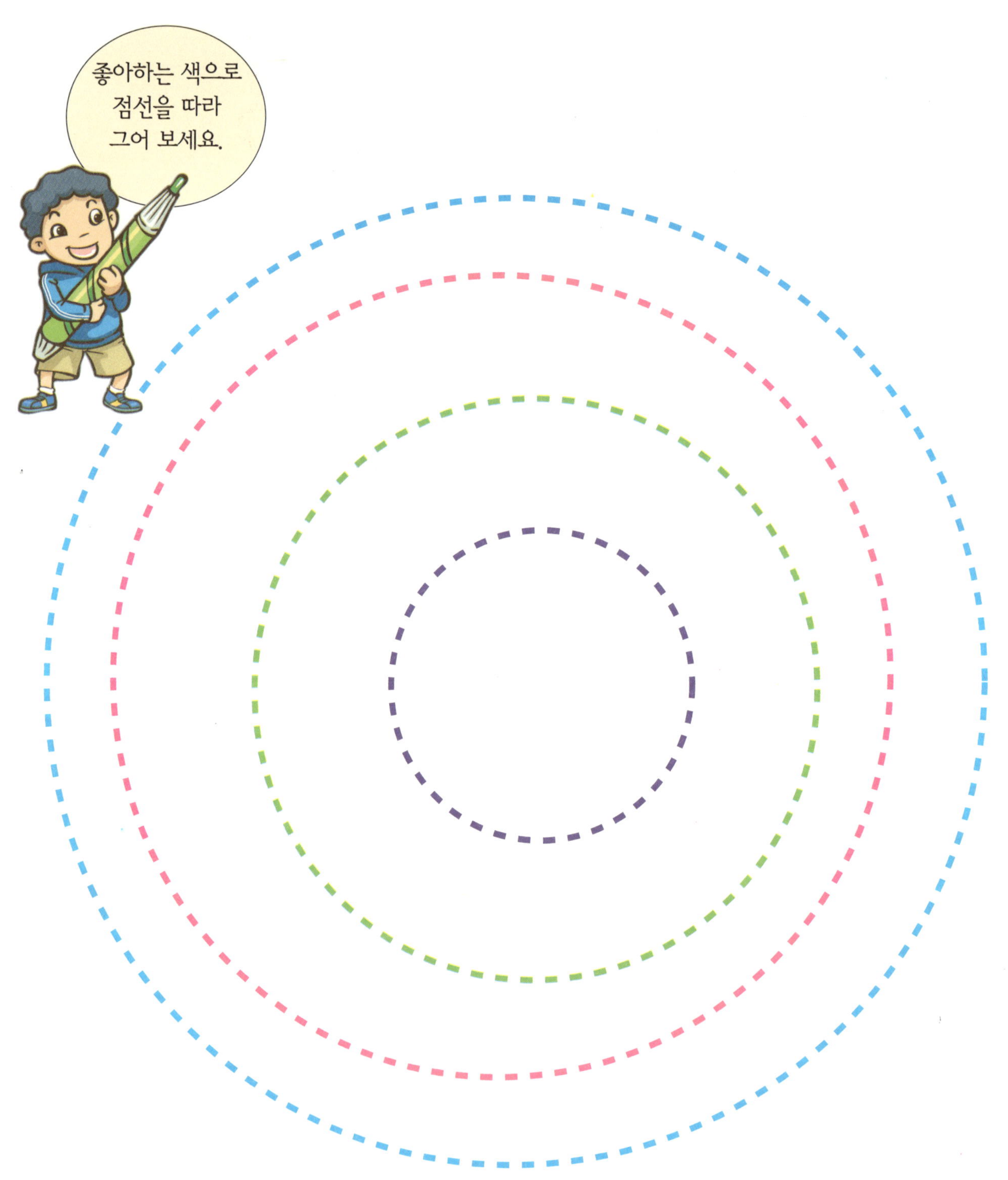

이스라엘 사람들은 날마다 한 바퀴씩 성을 돌았어요.
일곱째 날, 사람들이 성을 일곱 바퀴 돌자 여호수아가 외쳤어요.
"큰 소리로 외쳐라. 하나님이 우리에게 이 성을 주셨다."
"와아~" 사람들이 큰 소리를 지르자,
튼튼한 여리고 성벽이 와르르 무너져 내렸어요.

맨손으로 사자를 잡은 삼손

이스라엘 사람 마노아 부부는 아기를 낳지 못했어요.
어느 날 천사가 그들에게 나타나 말했어요.
"아들을 낳을 것이다. 단, 그 아이의 머리카락을 잘라선 안 된다."

천사의 말대로 아들이 태어났어요. 삼손이에요.
삼손은 어릴 때부터 힘이 무척 셌어요.
맨손으로 사자를 때려잡을 정도였지요.
블레셋 군대가 쳐들어왔어요.
삼손은 당나귀 턱뼈 하나로 블레셋 군대를 물리쳤어요.

사무엘을 부르신 하나님

아기를 낳지 못하는 한나는 기도했어요.
“하나님, 아들을 주시면 하나님을 위해 일하도록 하겠어요.”
하나님의 은혜로 한나는 사무엘을 낳았어요.

사무엘은 어려서부터 성전에서 자랐어요.
어느 날 밤, 하나님이 부르시자 사무엘이 대답했어요.
"예, 하나님! 말씀하세요."
하나님은 앞으로 일어날 일들을 가르쳐 주셨지요.
사무엘은 하나님의 말씀을 전하는 훌륭한 선지자가 되었답니다.

이스라엘의 첫 번째 왕 사울

이스라엘 사람들이 사무엘에게 와서 말했어요.
“우리도 다른 나라처럼 왕을 세워 주세요.”
하나님은 사무엘에게 사울을 왕으로 세우라고 하셨어요.

사울은 키가 크고 잘생긴 사람이었어요.
하지만 왕이 된 사울은 점점 하나님 말씀을 듣지 않았어요.
하나님은 새로운 왕을 세우기로 하셨지요.
하나님을 사랑하는 어린 다윗을 택하셨어요.
하나님은 마음을 보시는 분이랍니다.

골리앗을 이긴 다윗

다윗은 양을 돌보는 아이였어요.
사자나 곰이 나타나도 겁내지 않는 용감한 양치기였지요.
다윗은 노래도 잘 했어요. 양 떼를 지키면서 하나님을 찬양했지요.

적군의 거인 대장 골리앗이 하나님을 마구 욕했어요.
"하나님을 욕하다니, 용서할 수 없다."
어린 다윗이 무릿매를 빙빙 돌리면서 거인 골리앗 앞으로 나섰어요.
다윗이 무릿매로 던진 돌을 맞고 골리앗은 푹 쓰러졌지요.
다윗은 자라서 큰 나라를 다스리는 훌륭한 왕이 되었답니다.

지혜로운 왕 솔로몬

솔로몬 왕은 하나님께 기도했어요.
"저에게 백성을 잘 다스릴 수 있는 지혜를 주세요."
하나님은 솔로몬 왕에게 지혜를 주셨지요.

솔로몬이 지혜롭다는 소문은 널리 퍼져 나갔어요.
다른 나라의 왕들도 솔로몬의 지혜를 배우려고 찾아왔어요.
솔로몬은 많은 지혜의 글도 썼어요.
솔로몬은 세상에서 가장 아름다운 성전도 지었어요.
하나님은 참 기뻐하셨지요.

없어지지 않는 빵가루

하나님의 사람 엘리야가 가난한 여인에게 말했어요.
"나에게 빵을 만들어 주세요."
여인이 대답했어요. "이게 마지막 빵가루예요."

“걱정하지 말고 나에게 먼저 빵을 만들어 주세요.”
엘리야의 말을 들은 여인은 가루를 다 털어 빵을 만들었어요.
그런데 이게 웬일이지요?
빵을 아무리 만들어 먹어도 통에서 빵가루가 계속 생겨났어요.
기름병에도 기름이 떨어지지 않았어요.

병을 고친 나아만 장군

나아만 장군이 무서운 나병에 걸렸어요.
“하나님의 사람 엘리사를 만나 보세요. 병을 고쳐 주실 거예요.”
어린 아이의 말을 들은 장군은 엘리사를 만나러 갔지요.

엘리사가 나아만 장군에게 말했어요.
“요단 강물에 몸을 일곱 번 씻으세요. 그러면 병이 나을 겁니다.”
장군이 요단 강물에 몸을 씻자 나병이 깨끗이 나았어요.
“이제부터 하나님을 사랑하겠습니다.”
나아만 장군은 하나님을 믿는 사람이 되었지요.

물고기 뱃속에서 기도한 요나

요나는 하나님 말씀을 듣지 않고 다른 곳으로 가는 배를 탔어요.
하나님은 바다에 폭풍을 보내셨지요.
배가 가라앉게 되자 뱃사람들이 요나를 바다에 던졌어요.

큰 물고기가 요나를 꿀꺽 삼켰어요.
요나는 물고기 뱃속에서 하나님께 기도했어요.
"하나님, 제가 잘못했어요. 용서해 주세요."
물고기가 요나를 해변에 토해 냈어요.
요나는 하나님이 가라고 하신 곳으로 뛰어가 하나님 말씀을 전했지요.

하나님이 지켜 주신 세 친구

바벨론 왕이 금으로 큰 신상을 만들어 놓고 명령했어요.
"나팔을 불면 모두 신상에 엎드려 절을 하라."
하지만 하나님을 믿는 세 친구는 신상에 절할 수 없었어요.

화가 난 왕이 명령했어요.
"불을 아주 뜨겁게 하고 저놈들을 그 속에 던져 넣어라."
세 친구는 뜨거운 불 속에 던져졌어요.
그러나 세 친구는 활활 타오르는 불 속에서도 타지 않았어요.
하나님이 지켜 주신 거예요.

사자굴 속의 다니엘

어느 날 왕이 명령했어요.
"하나님께 기도하는 사람은 사자굴 속에 던져 넣겠다."
그러나 다니엘은 기도를 쉬지 않았어요.

나쁜 사람들이 왕에게 일러바쳤어요.
"다니엘이 왕의 명령을 듣지 않고 계속 기도하고 있어요."
다니엘은 사자굴 속에 던져졌어요.
하지만 사자들은 다니엘을 해칠 수 없었어요.
하나님이 사자들의 입을 막으셨기 때문이지요.

다음 날 아침, 사자굴에 간 왕은 깜짝 놀랐어요.
다니엘이 작은 상처 하나 없이 살아 있었기 때문이지요.
왕이 사람들에게 말했어요.
"다니엘이 믿는 하나님이 진짜 하나님이시다."
왕은 다니엘을 더 높은 자리에 앉혔지요.